# CE QUE JE CROYAIS QUAND J'ÉTAIS PETIT

Gilles Gay

# CE QUE JE CROYAIS QUAND J'ÉTAIS PETIT

*Dessins de l'auteur*

Editions Anne Carrière

Ouvrage publié sous la direction de
Véronique de Bure

ISBN : 2-84337-339-5

www.anne-carriere.fr

*A Edith et Thomas.*

« Si tu veux être certain
de faire ton devoir, fais ce qui t'est désagréable. »

Jules Renard

« Le rire de la noix est entre deux pierres. »

Proverbe arabe

# Préface

Gilles Gay rit quand il se brûle. Il se brûle rarement. C'est mieux. Ceux qui rient toujours sont rarement drôles.

Gilles Gay est modeste, il pense que ce qu'il fait n'est pas très intéressant. Quand il doit présenter ses œuvres (il dessine, il réalise des dessins animés et il écrit), vous ne l'entendez jamais dire : « Vous allez voir ce que vous allez voir. » Il a plutôt envie d'aller se cacher sous sa chaise. Attitude rare quand beaucoup auraient tendance à monter sur la table.

Gilles Gay est un garçon sérieux et réservé. A l'extérieur seulement. Il fait faire aux personnages qu'il a dessinés et animés pour la télévision (la vache Noiraude, l'oiseau Antivol...) des extravagances et des folies que, certainement, il rêverait de faire dans la vie.

Gilles Gay est cultivé et curieux du passé. En binant son jardin secret, il a retrouvé pour nous les préceptes avec lesquels on a bassiné son enfance et celle de tous les enfants de sa génération.

Ces pseudo-vérités, bien pratiques pour nous faire tenir tranquilles, sont restées marquées dans le ciment frais de nos cerveaux d'enfant. Elles trottent encore dans notre tête, comme les empreintes des pattes de chien dans le ciment des marches des vieilles maisons.

Elles sont poétiques, souvent drôles, parfois terrifiantes. Avec un sérieux imperturbable, elles alignent les idées reçues, les clichés, les contrevérités. Vous allez, en les redécouvrant, vous retrouver en jupette et en culotte courte. Vous allez réentendre avec un bonheur extrême les voix de ceux qui vous ont dit toutes ces bêtises auxquelles vous avez cru dur comme fer.

Aujourd'hui, vous ne leur en voulez plus de vous avoir raconté « des histoires ». Vous leur pardonnez parce qu'ils vous ont fait rêver.

Avant que vous ne deveniez de sérieux adultes condamnés à suivre le droit chemin du raisonnable, ils vous ont laissé, un moment, divaguer dans les sentiers buissonniers et les herbes folles du jardin des poètes. Ils vous ont ouvert les portes d'un univers magique et déraisonnable, où les nez rallongent quand on ment, où les Anglais débarquent chaque mois pour empêcher les filles de se baigner, où la crotte de pigeon fait pousser la moustache et où Dieu est infiniment bon.

Jean-Louis FOURNIER

# Quand j'étais petit...

Je croyais que la soupe faisait grandir.

*

Je croyais que mon nez remuait quand je mentais.

*

Je croyais que les carottes rendaient aimable.

Je croyais qu'une banane valait un bifteck.

*

Je croyais qu'il ne fallait jamais accepter
un bonbon offert par un inconnu.

*

Je croyais que j'avais un petit oiseau dans mon slip.

*

Je croyais que les voitures devenaient
carrées en vieillissant.

Je croyais qu'une petite souris mettait des pièces sous mon oreiller quand je perdais une dent.

*

Je croyais que chaque fois que je mentais je faisais pleurer la Sainte Vierge.

Je croyais que papa avait mis une petite graine dans le ventre de maman.

*

Je croyais qu'au Mont-Saint-Michel la marée montait plus vite qu'un cheval au galop.

*

Je croyais que le vin blanc se faisait avec du raisin blanc et le vin rouge avec du raisin rouge.

*

Je croyais qu'en faisant un nœud à mon mouchoir j'allais me souvenir de ce que j'avais oublié.

Je croyais qu'en mangeant beaucoup de cervelle
je deviendrais intelligent.

*

Je croyais que je pourrais attraper un oiseau
en lui mettant du sel sur la queue.

*

Je croyais que la crotte de pigeon
faisait pousser la moustache.

*

Je croyais que la cuisson à la Cocotte-minute
conservait toutes les vitamines.

Je croyais que les grands savants
sortaient dans la rue en pyjama.

*

Je croyais que les slips trop serrés empêchaient
les hommes d'avoir des enfants.

*

Je croyais qu'une femme vraiment belle
n'avait pas besoin de se maquiller.

*

Je croyais que quand je dessinais je faisais du Picasso.

Je croyais qu'il fallait finir le pain sec
avant d'entamer le pain frais.

*

Je croyais que les petits Chinois mouraient de faim
parce que je ne voulais pas finir mes lentilles.

Je croyais qu'il fallait attendre que les fruits soient pourris pour les manger.

*

Je croyais que le travail c'était la santé.

*

Je croyais que l'amour durait toujours.

*

Je croyais qu'il n'y avait rien de plus fort que le roquefort.

*

Je croyais que mes parents étaient des gens bien.

Je croyais que les assassins
étaient des enfants de divorcés.

*

Je croyais qu'il y avait plus de crimes
les soirs de pleine lune.

*

Je croyais qu'on avait autant de chances de gagner
à la loterie que d'être foudroyé.

*

Je croyais qu'un télégramme annonçait toujours
une mauvaise nouvelle.

Je croyais que pour arrêter de saigner du nez
il fallait se mettre une clef dans le dos.

*

Je croyais que pour arrêter le hoquet il fallait boire
un grand verre d'eau sans respirer
(ou se faire peur par surprise).

Je croyais qu'on pouvait gagner une montre en or
en trouvant le nom en huit lettres d'un empereur français
commençant et finissant par N.

*

Je croyais que les grands malades avaient le droit
de faire toutes les bêtises qu'ils voulaient.

*

Je croyais que plus on était bègue
plus on aimait parler en public.

*

Je croyais qu'il ne fallait jamais battre
une femme même avec une fleur.

Je croyais que le mot « soutien-gorge » était un vilain mot.

*

Je croyais qu'on allait en enfer si on buvait du champagne
dans une chaussure de femme.

*

Je croyais que pour se faire réformer
il fallait manger une boîte de sardines chaudes
(ou avoir les pieds plats).

*

Je croyais que si on avait les pieds plats
on ne pouvait pas avoir d'enfant.

Je croyais que le service militaire ça servait surtout à apprendre à boire et à fumer.

*

Je croyais que dans les restaurants chinois on mangeait des chiens et des chats.

*

Je croyais que le Coca-cola contenait de la drogue et que c'était pas bon pour les enfants.

*

Je croyais que les jeunes filles devaient rester vierges jusqu'au mariage.

Je croyais qu'une vierge était une fille qui ne parlait
qu'aux garçons qu'elle connaissait.

*

Je croyais que quand je donnais mon avis
ça comptait pour du beurre.

*

Je croyais que j'aurais mieux fait de tourner ma langue
sept fois dans ma bouche avant de parler.

*

Je croyais qu'une chemise en Nylon se lavait
comme un mouchoir de poche.

Je croyais qu'un costume en Tergal
ne se froissait jamais.

*

Je croyais que les clowns ne faisaient jamais rire
leur femme et leurs enfants.

*

Je croyais que le petit doigt de papa lui racontait
tout ce que je faisais.

*

Je croyais qu'avec de la volonté on finissait toujours
par obtenir ce qu'on voulait.

Je croyais que je garderais toute ma vie
mes beaux cheveux bouclés.

*

Je croyais que bon-papa qui était mort
me voyait du ciel même quand j'étais
enfermé aux cabinets.

*

Je croyais qu'oncle Jacques avait de l'humour.

*

Je croyais en Dieu.

Je croyais
que Dieu était infiniment bon.

Je croyais que la publicité disait la vérité.

Je croyais que chez les gens chics la salade
était servie en entrée.

*

Je croyais que tous les hommes naissaient égaux
mais que certains étaient trop paresseux pour en profiter.

*

Je croyais que quand les ouvriers auraient tous leur voiture
on ne pourrait plus circuler.

*

Je croyais que les marchands ambulants faisaient
leurs glaces avec l'eau sale des caniveaux.

Je croyais que les chanteurs de la radio
pensaient vraiment ce qu'ils disaient.

*

Je croyais que l'orage c'était le bon Dieu
qui jouait aux quilles dans les nuages.

*

Je croyais que quand bonne-maman de Grenoble
était petite fille le monde était encore en noir et blanc.

*

Je croyais qu'avec beaucoup d'amour on pouvait
changer le caractère de quelqu'un.

Je croyais que les pommes de terre portaient
des robes de chambre.

*

Je croyais que les vieux ne se tutoyaient jamais.

*

Je croyais que si je tirais la langue
un chat risquait de me la manger.

*

Je croyais que madame Marot était distinguée
parce qu'elle sentait fort le parfum.

Je croyais que le paradis était encore plus doux
que le lit de maman.

Je croyais que papa était le seul à avoir
le droit de jouer avec son train électrique.

Je croyais que certains adultes
n'avaient jamais été enfants.

*

Je croyais que ceux qui apportaient
des fleurs à la maîtresse avaient des bonnes notes.

*

Je croyais qu'à la tombola de la paroisse
on regagnait les objets qu'on avait donnés.

*

Je croyais qu'il n'y avait plus de doryphores
depuis le départ des Allemands.

Je croyais que l'aluminium était cancérigène.

*

Je croyais que
s'il y avait des douaniers intelligents
ça se saurait.

*

Je croyais qu'il ne fallait pas aller plus vite
que la musique.

*

Je croyais que papa pouvait marcher la tête haute
parce qu'il ne devait rien à personne.

Je croyais que si j'étais né chez des pauvres
je n'aurais pas eu la chance
d'avoir une bonne éducation.

*

Je croyais qu'avec la bombe atomique
il n'y aurait plus jamais de guerre.

*

Je croyais que je ne mourrais jamais.

*

Je croyais que si je portais un Tampax
je pourrais jouer au tennis tous les jours
et me baigner toute l'année sans problème.

Je croyais que les ampoules de la maison claquaient toujours toutes en même temps.

*

Je croyais que l'épicier de la rue Basse ne rendait pas la monnaie aux enfants.

*

Je croyais que si on avait perdu quelque chose il fallait faire une prière à saint Antoine de Padoue.

*

Je croyais que si on avait un crucifix dans la maison on n'avait pas besoin d'un paratonnerre.

Je croyais qu'avec une médaille de saint Christophe
on pouvait partir rassuré même si c'était maman
qui conduisait.

*

Je croyais que si on avait peur d'être enterré vivant
on pouvait faire installer le téléphone dans son cercueil.

*

Je croyais que si on avait la Légion d'honneur
on entrait gratuitement au cinéma
le 14 juillet et le 11 novembre.

*

Je croyais que l'oncle Lucien était revenu de la guerre
avec deux trous de balle.

Je croyais que si la guillotine se coinçait trois fois de suite
on graciait le condamné à mort.

*

Je croyais que si je criais en montagne
j'allais provoquer une avalanche.

*

Je croyais qu'il ne fallait jamais boire
après avoir mangé du melon
(ou de la pastèque).

*

Je croyais qu'il ne fallait pas boire pendant les repas.

Je croyais qu'il ne fallait pas boire entre les repas.

Je croyais que si on se baignait moins de trois heures après avoir mangé (même un carré de chocolat) on coulait à pic.

Je croyais qu'en Hollande un petit garçon
avait mis son doigt dans le trou d'une digue
et empêché le pays d'être inondé.

*

Je croyais qu'en dessous de la Loire
il fallait discuter les prix dans les magasins
et faire attention à son appareil photo.

*

Je croyais que les Noirs faisaient cuire les missionnaires
dans des grandes marmites.

*

Je croyais que les paysans mettaient le feu à leur grange
pour toucher l'assurance.

*

Je croyais que les Américains étaient
de grands enfants inoffensifs.

*

Je croyais que les fonctionnaires étaient des paresseux.

*

Je croyais que les Chinois riaient tout le temps
mais qu'il fallait tout de même s'en méfier.

Je croyais que les pompiers allumaient eux-mêmes les incendies et qu'après ils s'amusaient à casser tout ce qui n'avait pas brûlé.

*

Je croyais que ceux qui donnaient beaucoup d'argent à la Croix-Rouge avaient quelque chose à se faire pardonner.

*

Je croyais que les protestants étaient maigres et écoutaient de la musique classique.

*

Je croyais que Jean-Pierre Guérin avait fait sa communion juste pour avoir une montre et un stylo-plume.

Je croyais que Marie-Thérèse Ménard était une prostituée parce qu'elle restait longtemps dans le confessionnal.

*

Je croyais que chaque personne sur terre avait son ange gardien.

*

Je croyais que le diable avait un avocat.

*

Je croyais qu'il fallait dire merci au chien.

Je croyais qu'il fallait laisser sa place à la dame.

*

Je croyais qu'il ne fallait pas me le dire deux fois.

*

Je croyais que papa allait un jour me prêter son doigt pour mettre dans mon nez.

*

Je croyais que papa voulait m'aider à faire des bêtises.

Je croyais qu'il fallait que j'aille voir là-bas
si papa y était.

Je croyais qu'on avait toujours « presque » le numéro du billet qui gagnait le gros lot.

*

Je croyais que les infirmes pouvaient se garer n'importe comment.

*

Je croyais que 3 minutes de rire par jour étaient aussi nourrissantes qu'un bifteck de 300 grammes.

*

Je croyais qu'après ma première communion je serais meilleur.

Je croyais que je comprendrais tout
quand je serais plus grand.

Je croyais que le pape pouvait s'appeler Araignée, Libellule ou Papillon.

*

Je croyais que lorsque maman serait morte j'hériterais de sa boîte à boutons et de ses petits ciseaux pointus.

*

Je croyais que je deviendrais un jour un grand écrivain.

*

Je croyais qu'il fallait être franc-maçon ou juif pour avoir la Légion d'honneur (sauf à titre militaire).

Je croyais qu'on laissait les employés des pâtisseries manger tous les gâteaux qu'ils voulaient pour les dégoûter.

Je croyais que les commerçants n'avaient qu'un seul enfant pour qu'il hérite du magasin.

*

Je croyais que les jeunes filles blanches qui entraient au Palais du Vêtement étaient droguées et qu'on les emmenait à Tanger pour les traire.

*

Je croyais qu'il fallait se laver la bouche avec du savon quand on avait dit un gros mot.

*

Je croyais que l'homéopathie c'était bon pour ceux qui y croyaient.

*

Je croyais qu'on savait depuis longtemps faire marcher les voitures avec de l'eau mais que les marchands d'essence s'étaient arrangés pour qu'on ne le sache pas.

*

Je croyais que tout ce qu'on lisait dans les journaux était inventé par les journalistes pour se rendre intéressants.

*

Je croyais que les acteurs de cinéma étaient plus grands
que les gens comme nous.

*

Je croyais que dans les films de guerre
on tuait vraiment les acteurs.

*

Je croyais qu'on n'était pas un homme
si on n'avait pas fait son service militaire.

*

Je croyais qu'une fille bien élevée
devait toujours avoir les mains occupées.

Je croyais que la nuit mon ange gardien montait la garde devant la porte de ma chambre.

Je croyais que la mère de Josette Bouillat
jetait l'argent par les fenêtres.

*

Je croyais qu'une vieille fille était une dame
qui avait de la moustache.

*

Je croyais qu'une gouine était une fille
qui mangeait trop vite.

*

Je croyais qu'un con
était quelqu'un qui n'avançait pas
assez vite en voiture.

Je croyais que la vache était la maman
que le taureau était le papa
et que le bœuf était l'oncle des veaux.

*

Je croyais que les guêpes ne piquaient
que si on les attaquait.

*

Je croyais que si je m'approchais trop près de l'étang
je serais attiré par les yeux d'un monstre qui vivait dans l'eau.

*

Je croyais que je si je dormais avec une plante verte
dans ma chambre j'allais mourir par manque d'oxygène.

Je croyais que si j'embêtais un éléphant
il s'en souviendrait toute sa vie et pourrait se venger
même plus de cinquante ans après.

Je croyais que les gitans voulaient m'enlever pour
m'obliger à fabriquer des paniers.

Je croyais que ceux qui avaient choisi le soldat inconnu
de l'Arc de triomphe s'étaient trompés
et avaient enterré un Allemand.

*

Je croyais que l'Histoire de France était une histoire
inventée par la maîtresse.

*

Je croyais que Hitler, Leclerc et le général de Gaulle
étaient la même personne.

*

Je croyais que le maréchal Pétain avait sauvé en cachette
beaucoup de juifs pendant la guerre.

Je croyais que dans un musée mon oncle Jacques avait vu le crâne de Voltaire enfant.

*

Je croyais que papa connaissait un monsieur important qui avait été chef des cabinets chez un ministre.

*

Je croyais que j'étais assez bête pour laver la voiture de papa en plein soleil.

*

Je croyais que j'allais attraper une pneumonie (ou la tuberculose) parce que j'avais perdu mon bonnet.

Je croyais que dans ma famille
on mourait toujours en bonne santé.

*

Je croyais que j'étais une grosse bête
qui avait peur des petites.

*

Je croyais que si je broutais de l'herbe
je ferais pipi du lait.

*

Je croyais que mon singe en peluche
devenait vivant la nuit.

Je croyais que les gifles
étaient pour mon bien.

*

Je croyais que si je continuais à être impossible
mon grand-père descendrait du ciel pour me tirer
les pieds dans mon lit.

*

Je croyais qu'il n'y avait pas de ça chez nous.

*

Je croyais que les filles naissaient du signe de la Vierge
et qu'ensuite certaines en changeaient.

Je croyais que Carole Marciano
avait depuis longtemps viré sa cuti.

*

Je croyais que le grand-père de Maurice Hervieu
allait bientôt casser sa pipe et que toute sa famille
pourrait enfin respirer.

*

Je croyais que mon oncle Yves s'était payé du bon temps
avant d'entrer dans les ordres.

*

Je croyais qu'un chien ne pouvait plus chasser s'il avait
mangé de la viande même une seule fois dans sa vie.

Je croyais que quand je serais raisonnable
je pourrais avoir un chien. Mais pas avant.

Je croyais que certains petits chats devenaient des tigres
en grandissant et mangeaient leurs maîtres.

Je croyais que les champions d'échecs
n'étaient pas vraiment intelligents.

*

Je croyais que les gauchers le faisaient exprès.

*

Je croyais que les garçons qui se plaignaient
le plus au réfectoire étaient ceux qui mangeaient
le plus mal chez eux.

*

Je croyais que quand j'entendais siffler dans mon oreille
gauche quelqu'un disait du mal de moi
(et du bien si c'était dans l'oreille droite).

Je croyais que si je baissais la tête
j'aurais l'air d'un coureur.

*

Je croyais que l'endroit où on allait était toujours juste
sur le pli de la carte Michelin.

*

Je croyais que la gomme de mon frère s'appelait reviens.

*

Je croyais que saint Joseph était le patron des cocus.

Je croyais que si j'avalais un noyau un arbre allait pousser dans mon ventre.

Je croyais qu'il ne fallait pas boire froid après une soupe chaude.

Je croyais qu'il y avait des gens qui dévoraient des livres.

*

Je croyais que papa avait pris des cours du soir
pour apprendre à faire son nœud de cravate.

*

Je croyais que mes parents m'avaient trouvé
dans une poubelle.

*

Je croyais que l'oncle Charles avait épousé une belle
pharmacie en plein centre ville.

Je croyais que le plus important pendant la messe
c'était de faire son signe de croix
en même temps que tout le monde.

*

Je croyais que certains prêtres ne pouvaient pas
dire la messe parce qu'ils étaient saouls
avec un seul petit verre de vin.

*

Je croyais que si un bébé allait mourir n'importe qui
pouvait le baptiser même avec l'eau du caniveau.

Je croyais que si on rassemblait tous les os de toutes les reliques de saint Martin il y aurait de quoi fabriquer plusieurs centaines de squelettes.

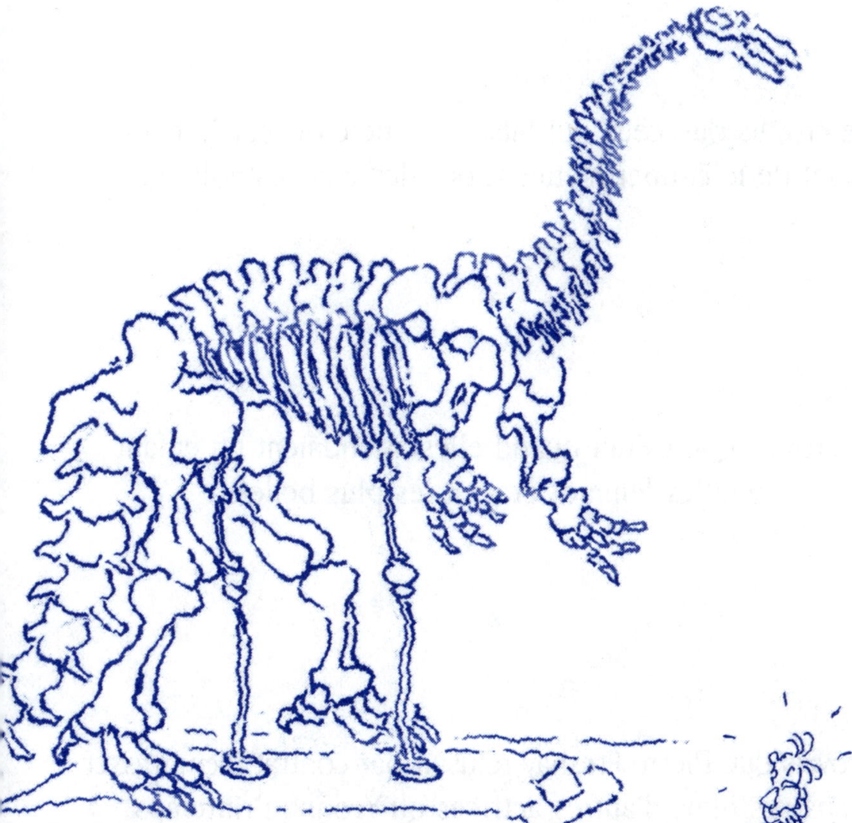

Je croyais qu'il ne fallait pas mettre le pain à l'envers
parce que le diable entrerait dans la maison.

*

Je croyais que ceux qui faisaient une croix sur le pain
avant de le couper n'étaient pas des vrais catholiques.

*

Je croyais que c'était quand elles attendaient un enfant
que les femmes étaient les plus belles.

*

Je croyais que Pierre Fresnay refusait par contrat d'embrasser
dans ses films d'autres actrices qu'Yvonne Printemps.

Je croyais qu'il y avait quand même eu pas mal
de voyous dans la Résistance.

*

Je croyais qu'il y avait une race de poules
qui ne faisaient pas d'œufs.

*

Je croyais que les poitrines des femmes étaient dures
comme celles des statues.

*

Je croyais que les polytechniciens étaient incapables
de changer une ampoule.

Je croyais que les architectes oubliaient souvent de mettre un escalier dans les maisons.

*

Je croyais que si je travaillais bien à l'école j'aurais un bon métier.

*

Je croyais que pour devenir gardien de square il fallait se faire couper un bras.

*

Je croyais qu'à table les enfants devaient parler à leur tour mais que leur tour ne venait jamais.

Je croyais que mes parents quand ils étaient petits avaient juste une orange comme cadeau de Noël.

*

Je croyais que papa quand il était pensionnaire devait casser la glace dans sa cuvette pour se laver le matin.

*

Je croyais que je n'avais pas à me plaindre.

*

Je croyais qu'il n'y aurait plus de misère sur la terre quand les poules auraient des dents.

Je croyais que papa avait autre chose à faire que de répondre à mes questions idiotes.

*

Je croyais que certains enfants étaient méchants en naissant.

*

Je croyais que Jésus avait été crucifié à cause de moi.

Je croyais que maman n'avait jamais fait de péché
et qu'elle venait se confesser juste pour m'accompagner.

*

Je croyais que c'était un péché mortel de communier
si on avait mangé ou bu (même un demi-verre d'eau)
depuis minuit.

*

Je croyais que si je mordais l'hostie elle allait saigner
dans ma bouche.

Je croyais que les bonnes sœurs
n'avaient le droit de conduire
que des 2 CV.

*

Je croyais qu'un prêtre ne pouvait pas trahir le secret
de la confession sans être aussitôt foudroyé.

*

Je croyais que les divorcés
n'avaient pas le droit d'entrer dans les églises
sauf pour assister au mariage des autres.

*

Je croyais que la place du mort
était l'endroit où bon-papa
s'était assis dans l'auto.

Je croyais qu'à Paris il y avait un monument
à la bêtise humaine.

Je croyais que le mendiant de la place Saint-Pierre
était beaucoup plus riche que nous et possédait
plusieurs immeubles de rapport.

*

Je croyais que s'il y avait un courant d'air pendant
que je louchais devant la glace je loucherais toute ma vie.

*

Je croyais que si une cloche sonnait pendant
que je haussais les épaules je resterais bossu.

*

Je croyais que si un ange passait pendant
que je bâillais ma bouche resterait coincée.

Je croyais qu'au paradis on ne faisait plus ni pipi ni caca.

*

Je croyais que c'était un péché mortel de se suicider.

*

Je croyais que quand on mourait on revoyait défiler toute sa vie comme dans un film.

Je croyais que si on se collait un timbre antituberculeux
sur la poitrine on ne pouvait plus être malade.

*

Je croyais que pour guérir de la coqueluche
il suffisait de faire un petit tour en avion.

*

Je croyais que si j'arrivais à fumer une cigarette entière
sans faire tomber la cendre je gagnerais un million.

*

Je croyais que si j'envoyais cent papiers de chocolat
à une certaine adresse j'offrirais un fauteuil roulant
à un infirme chinois.

Je croyais que ça coûtait mille francs (anciens) rien que pour s'asseoir dans un taxi. Avant même qu'il ait démarré.

*

Je croyais que si j'avais prêté ma règle à Castagnède
je pouvais en faire mon deuil.

*

Je croyais que la visite médicale c'était pour voir
ceux qui avaient un slip troué.

*

Je croyais qu'on pouvait devenir millionnaire
en ramassant une épingle dans la rue.

Je croyais qu'il fallait éviter de viser quelqu'un
avec un revolver vide
parce qu'il restait souvent
une balle dans le canon.

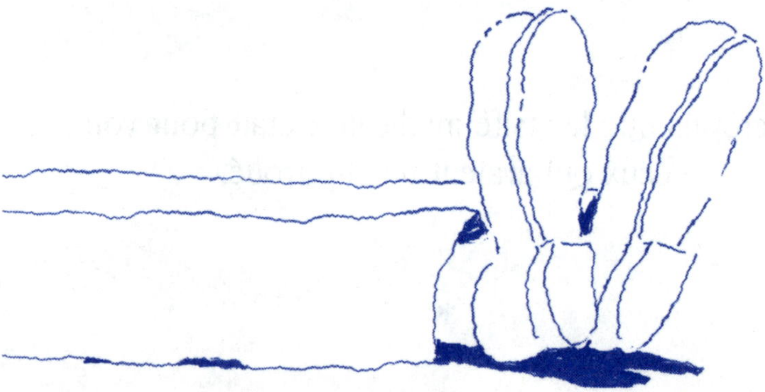

Je croyais qu'en jouant au docteur les filles pouvaient gagner un polichinelle dans un tiroir.

*

Je croyais que l'on ne faisait jamais le ménage dans les théâtres parce que ça portait malheur.

*

Je croyais que la concierge ne montait le courrier qu'au moment des étrennes.

*

Je croyais que dans les voitures anglaises le frein à main était à pied et le frein à pied à main.

Je croyais que les hérissons finiraient tous écrasés sur les routes.

*

Je croyais que les conserves pour chats étaient mieux contrôlées que les conserves pour les gens.

*

Je croyais qu'on ne trouvait plus de bons melons.

*

Je croyais que papa était allé à l'école avec des vieux comme lui.

Je croyais que mon père était le meilleur conducteur du monde.

Je croyais que bonne-maman de Montpellier avait connu Napoléon.

*

Je croyais que tout était plus solide avant la guerre.

Je croyais qu'on était adulte quand on savait replier une carte Michelin.

*

Je croyais qu'on pouvait demander tout ce qu'on voulait à une bonne à tout faire.

*

Je croyais qu'une jeune fille qui faisait trop souvent du tandem risquait de perdre sa virginité.

*

Je croyais qu'on pesait moins lourd quand on sortait du confessionnal.

Je croyais que si on n'avait pas fait assez de péchés
il fallait en inventer quelques-uns pour faire plaisir
à monsieur le curé Lecas.

Je croyais que les cloches partaient en voyage à Rome
le premier jour du Carême
et revenaient le matin de Pâques.

*

Je croyais que si je n'étais pas plus sage que ça
je risquais bien d'avoir un martinet pour Noël.

*

Je ne croyais pas au Père Noël parce que je savais
que c'était le petit Jésus qui apportait les cadeaux
par la cheminée.

Je croyais que certaines années le petit Jésus
n'avait pas beaucoup de sous.

Je croyais que les mensonges de mes parents
ne comptaient pas parce que c'étaient des pieux mensonges.

*

Je croyais que si je n'avais pas plus d'amis
je ne pouvais m'en prendre qu'à moi-même.

*

Je croyais que j'étais un enfant impossible.

*

Je croyais que quand je mourrais
personne ne me regretterait vraiment.

Je croyais que les autres étaient plus intelligents que moi.

Je croyais que si je disais chaque soir
trois *Je vous salue Marie* je serais sûr d'aller au ciel même
si je devenais un grand voleur ou un assassin célèbre.

Je croyais que pour avoir le petit Jésus
la Sainte Vierge avait été opérée par le Saint-Esprit.

*

Je croyais que c'était le diable qui tapait dans les tuyaux
de la salle de bains.

*

Je croyais que la grève des autobus se décidait à Moscou.

*

Je croyais que si les communistes prenaient le pouvoir
ils donneraient les chrétiens à manger aux lions du zoo.

Je croyais que si les hindous mangeaient
leurs vaches sacrées la famine aux Indes serait vite réglée.

*

Je croyais que les Suédois se suicidaient beaucoup
parce qu'ils n'avaient pas assez de soucis pour les occuper.

*

Je croyais qu'on avait donné ses rognures d'ongles
à manger à un condamné et qu'il était mort
dans d'atroces souffrances.

*

Je croyais qu'une promesse était sacrée
et engageait pour la vie.

Je croyais qu'il fallait mettre un slip neuf avant de faire un voyage pour ne pas avoir honte devant les docteurs en cas d'accident.

*

Je croyais que mon frère François avait dans sa collection un timbre qui valait un million.

*

Je croyais que mon frère avait inventé le mouvement perpétuel (avec une roue de vélo, une dynamo et un moteur électrique).

*

Je croyais au progrès.

Je croyais qu'un jour je serais adulte.

*

Je croyais que quand je serais adulte
je n'aurais plus peur de rien.

*

Je croyais que quand je serais marié avec une brave fille
ma mère pourrait enfin mourir tranquille.

*

Je croyais que si je lisais beaucoup je ne ferais plus
de fautes d'orthographe.

Je croyais que je serais riche un jour si j'avais la patience d'attendre que les dix francs (anciens) de mon livret de Caisse d'épargne fassent des petits.

Je croyais que madame Locatelli n'était pas une vraie blonde.

Je croyais que si j'embrassais une fille sur la bouche
je serais obligé de me marier avec elle.

*

Je croyais que je n'aurais plus mal aux dents
si j'essayais de penser à autre chose.

*

Je croyais que je serais moins gênant
si mon père était vitrier.

Je croyais que l'abbé Pierre était communiste.

*

Je croyais que Victor Hugo était né vieux.

*

Je croyais que la Joconde était un homme.

*

Je croyais que Shakespeare n'avait jamais existé.

Je croyais que Léonard de Vinci avait tout inventé.

*

Je croyais qu'Alphonse Daudet n'avait écrit
que des morceaux choisis.

*

Je croyais que les poètes étaient des ivrognes.

*

Je croyais que les grands écrivains étaient morts.

Je croyais que les Anglais étaient des gentlemen.

*

Je croyais que tous les Français (donc papa)
avaient été résistants pendant l'Occupation.

*

Je croyais que les Noirs
salissaient les draps.

*

Je croyais que les Bretons
n'étaient pas des gens comme nous.

Je croyais que mes parents étaient vieux.

*

Je croyais que les juifs avaient eu plein d'ennuis
parce qu'ils avaient tué Jésus.

*

Je croyais que les prêtres qui se mariaient
avaient des enfants pas normaux.

*

Je croyais que faire faillite était une honte
dont on ne se remettait jamais de toute sa vie.

Je croyais que cocu s'écrivait cocul.

*

Je croyais que la masturbation rendait sourd
mais que pour l'oncle Lucien c'était juste un obus
qui avait explosé à côté de lui au chemin des Dames.

*

Je croyais qu'une hernie était une maladie honteuse.

*

Je croyais qu'on pouvait attraper une maladie vénérienne
en restant trop longtemps aux cabinets.

Je croyais que le maître voyait sur ma figure
que je n'avais pas appris ma leçon.

Je croyais que si j'arrivais à ne pas marcher sur les joints
des pavés je ne serais pas interrogé.

Je croyais qu'un oiseau allait sortir
de l'appareil photo de papa.

Je croyais que le sucre fondait plus vite si on le mettait
dans le café avant d'ajouter le lait.

Je croyais qu'il ne fallait pas boire l'eau de Lourdes parce que ça donnait la colique.

*

Je croyais que les femmes n'avaient pas le droit de chanter toutes seules dans les églises parce que leur voix cassait les vitraux.

*

Je croyais que la lune décolorait le linge plus vite que le soleil.

*

Je croyais qu'il y avait autant de faux billets de 500 francs que de vrais.

Je croyais que les prêtres aimaient bien s'occuper
des petits garçons parce qu'ils étaient tristes
de ne pas en avoir à eux.

*

Je croyais que les chaussures trop serrées
s'élargissaient à l'usage.

*

Je croyais que les chaussures trop larges
rétrécissaient à l'usage.

*

Je croyais que quand on s'aimait trop
on risquait d'avoir un enfant.

Je croyais que si j'avais un jour un problème
je pourrais ouvrir l'Evangile au hasard
et je trouverais tout de suite la solution.

Je croyais que la fièvre faisait grandir.

Je croyais que le jour du jugement dernier
il ne fallait pas se tromper de file.

*

Je croyais que mes parents parlaient anglais couramment.

*

Je croyais que Bach, Mozart et Beethoven
étaient des musiciens français.

*

Je croyais que monsieur Marciano était riche à millions.

Je croyais que les anges n'avaient pas de sexe.

*

Je croyais que le prof de gym était bête.

*

Je croyais que maman était la plus belle du monde.

*

Je croyais que les girafes avaient un grand cou
parce qu'elles avaient tiré dessus
pour atteindre le haut des arbres.

Je croyais que peintre et docteur
étaient les deux seuls métiers
où on avait le droit de voir
des femmes nues en vrai.

Je croyais que les vilains bébés faisaient des beaux adultes.

Je croyais que j'avais été un très beau bébé.

*

Je croyais que si monsieur Brunet n'avait pas existé
il aurait fallu l'inventer.

*

Je croyais que le « vrai » champagne coûtait
cent mille francs (anciens) la bouteille.

*

Je croyais que tous les assureurs étaient des voleurs
et tous les notaires des incompétents.

Je croyais que chaque fois que je faisais une bêtise
je plantais une épine de plus dans la couronne de Jésus.

*

Je croyais que dans chaque famille le bon Dieu tirait
au sort un enfant pour qu'il devienne prêtre
et que ça risquait de tomber sur moi.

Je croyais que les chauves-souris s'accrochaient dans les cheveux des filles et qu'on ne pouvait s'en débarrasser qu'en leur rasant la tête (des filles pas des chauves-souris)

*

Je croyais que des Anglais débarquaient tous les mois pour empêcher mes grandes sœurs d'aller se baigner.

*

Je croyais qu'une jeune fille pouvait tomber enceinte si elle s'asseyait sur la même chaise qu'un garçon.

*

Je croyais que l'avenir appartenait à ceux qui se levaient tôt.

Je croyais que le bonheur était dans l'effort
et le dépassement de soi.

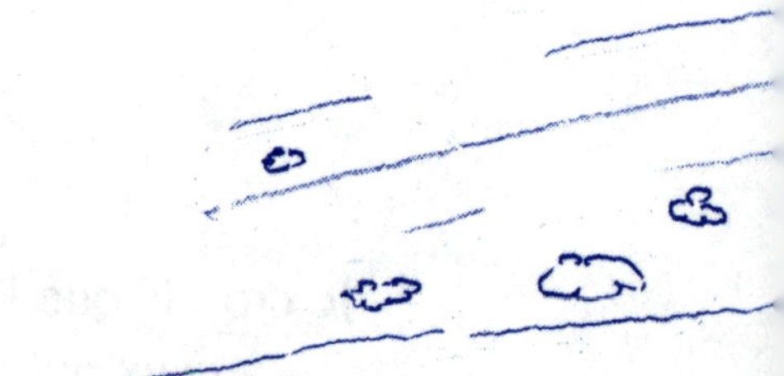

Je croyais que l'argent ne faisait pas le bonheur et que les milliardaires s'ennuyaient au bord de leurs piscines.

*

Je croyais que le pape ne pouvait jamais se tromper sauf quand il faisait sa déclaration d'impôts.

*

Je croyais que le seul vrai miracle de Lourdes c'était que personne n'attrapait jamais rien en se trempant dans la même eau que les malades.

*

Je croyais que les parents d'enfants handicapés avaient fait quelque chose de mal.

Je croyais que tatie Simone était folle parce qu'elle avait fait un séjour dans les Pyrénées en compagnie d'un voyageur de commerce.

*

Je croyais que mon oncle Charles disait tout haut ce que tout le monde pensait tout bas mais qu'il aurait mieux fait de se taire.

*

Je croyais qu'on ne pouvait rien obtenir sans effort.

*

Je croyais qu'une bonne action n'était jamais perdue.

Je croyais que les riches avaient bon goût.

*

Je croyais que les clochards n'avaient pas écouté
les conseils de leurs parents.

*

Je croyais que si la femme de ménage avait été intelligente
elle aurait fait Polytechnique.

*

Je croyais que si on me demandait quelque chose
je n'avais qu'à dire que je n'en savais rien.

Je croyais que j'étais assez grand pour me rendre compte que j'énervais tout le monde.

*

Je croyais que les filles honnêtes ne croisaient jamais les jambes.

*

Je croyais qu'il fallait être vierge pour être majorette.

*

Je croyais que ceux qui menaient une vie de débauche mouraient jeunes.

Je croyais que les méchants étaient toujours punis.

*

Je croyais que les bons étaient toujours récompensés.

*

Je croyais que si je tombais d'un pont
le petit Jésus me donnerait le temps de me repentir
de mes péchés avant de me noyer.

*

Je croyais que les bébés étaient un don du ciel.

Je croyais que les actrices couchaient avec tout le monde.

Je croyais que si le train avait plus de cinq minutes de retard on mettait à la porte le chef de gare.

*

Je croyais que les homosexuels avaient des mœurs spéciales.

*

Je croyais que les filles n'avaient rien du tout entre les cuisses.

Je croyais qu'il suffisait d'aller chez le docteur
pour être guéri.

*

Je croyais que si on dormait toute la nuit avec un savon
sous le bras on se réveillait avec assez de fièvre
pour ne pas aller à l'école.

*

Je croyais que certains jours
mes grandes sœurs ne devaient pas entrer dans la cuisine
parce qu'elles faisaient rater la mayonnaise.

*

Je croyais que madame Marot s'était beaucoup calmée
depuis qu'on lui avait fait la totale.

Je croyais que j'étais un enfant vicieux
parce que je me rongeais les ongles.

*

Je croyais que je n'oserais jamais me marier.

*

Je croyais que pour demander une femme en mariage
il fallait mettre un chapeau melon
et des gants en beurre frais.

*

Je croyais que les trompes d'Eustache
étaient une partie du sexe féminin.

Je croyais que j'avais des pensées impures.

*

Je croyais que les missionnaires étaient obligés de dormir dans une certaine position.

*

Je croyais qu'on aurait dû m'appeler Ogino parce que j'étais le dernier d'une famille catholique.

*

Je croyais que le fiancé de ma sœur Hélène était d'une très bonne famille du Nord.

Je croyais que c'était le petit Jésus qui faisait tomber ma tartine côté pain et le diable qui la faisait tomber côté beurre (ou confiture).

*

Je croyais que je péchais contre la pureté quand j'oubliais de me laver le zizi.

*

Je croyais que la luxure c'était de manger du caviar et de prendre des taxis.

*

Je croyais que le purgatoire c'était un peu comme l'enfer mais en moins chaud.

Je croyais que le bon Dieu était partout
même dans un brin d'herbe.

Je croyais que le Saint-Esprit était l'oncle de Jésus.

*

Je croyais que monsieur le curé était marié avec sa sœur.

*

Je croyais que tante Simone devait se raser tous les jours.

*

Je croyais que Josette Bouillat avait eu un certain culot de se marier en blanc.

Je croyais que ce n'était pas poli de commencer une lettre par « Je ».

*

Je croyais que j'avais pas mal d'imagination mais que ça ne me servirait à rien à cause de mon orthographe.

Je croyais que l'enfance
était le moment le plus heureux de la vie
et que j'étais bien bête de ne pas en profiter.

*

Je croyais que plus on était vieux
plus on était intelligent.

*

Je croyais qu'il fallait attendre d'être adulte
pour dire des bêtises.

*

Je croyais que je me souviendrais
de chaque seconde de ma vie.

Je croyais que chaque question aurait un jour sa réponse.

*

Je croyais tout ce que disaient mes parents.

*

# Remerciements

Merci au docteur Kyusaku Ogino
et à Jean-Pierre S.
sans lesquels je n'aurais jamais écrit ce livre.

## DU MÊME AUTEUR

*Bienvenue Mister Friendship*, Gallimard, 1998.
*Chapitres premiers*, Payot, 1994.

En collaboration avec Jean-Louis Fournier :

*La Noiraude*, Stock, 1999.
*Encore la Noiraude*, Stock, 2000.
*Pas folle la Noiraude*, Stock, 2001.
*Antivol, l'oiseau qui a le vertige*, Stock, 2003.

Cet ouvrage a été imprimé
par Normandie Roto Impression s.a.s.
61250 Lonrai
pour le compte des Editions Anne Carrière,
104, boulevard Saint-Germain, 75006 Paris.

Imprimé en France
Dépôt légal : novembre 2005
N° d'édition : 368
N° d'impression : 05-2730